# VERSAILLES

## GUIDE DE VISITE

**Béatrix Saule**
*Conservateur général du Patrimoine*

CHÂTEAU DE VERSAILLES

art lys

Nous remercions Daniel Meyer, conservateur honoraire,
pour sa participation active à cette publication.

Établissement public du musée
et du domaine national de Versailles
**Denis Verdier-Magneau**, directeur du Développement culturel
**Jean-Vincent Bacquart**, chef du service des Éditions, assisté d'**Anne Déon** et d'**Émilie Jacques**

Éditions Artlys
**Denis Kilian**, direction des éditions
**Christian Ryo** et **Karine Barou**, suivi éditorial et recherche iconographique
**Martine Mène** et **Catherine Enault**, maquette
**Thierry Lebreton**, **Dominique Bissière**, plans
**Pierre Kegels**, fabrication



ISBN : 978-2-85495-382-4

# SOMMAIRE

*Je reviens de Versailles.*
*J'ai vu les beaux appartements ; j'en suis charmée.*
*Si j'avais lu cela dans quelque roman,*
*Je me ferais un château en Espagne d'en voir la vérité.*
*Je l'ai vue et maniée ; c'est un enchantement.*
MADAME DE SÉVIGNÉ

*C'est un château qu'on peut nommer*
*Un palais enchanté, tant les ajustements*
*De l'art ont bien secondé les soins*
*Que la nature a pris pour le rendre parfait.*
MOLIÈRE

# Le domaine de Versailles

Avec ses trois châteaux, ses jardins, son parc et ses dépendances, Versailles est un domaine immense. Bien que Louis XIII y eût fait édifier un pavillon de chasse agrémenté d'un jardin, Louis XIV en est le véritable créateur. Il lui donna son ampleur. Il fixa son destin. De 1682 à 1789, Versailles fut le siège de la monarchie absolue et en devint le symbole car le lieu, modelé par la volonté du Roi-Soleil, reflète sa conception du pouvoir.

## Pour le service du roi et sa magnificence

Ni trop proche de Paris toujours prompt à se soulever, ni trop éloigné, le site offrait la possibilité de bâtir ; il répondait ainsi au désir du roi de fixer à demeure toute sa Cour autour de lui, ce qu'aucune autre résidence royale des environs ne permettait. Au prix de travaux considérables de construction et de décoration, de terrassement, d'adduction d'eaux, tout fut créé pour le service du roi, ses plaisirs et sa magnificence : la ville, les dépendances – dont les écuries, le Grand Commun pour le logement des officiers de la Maison royale, les ailes des Ministres, le château avec ses parties publiques et ses appartements privés, les jardins pour la promenade, le petit parc et, au-delà, le grand parc pour la chasse à courre… Et tout fut ordonné selon un axe qui traverse la demeure royale en son centre, là où, à partir de 1701, fut placée la chambre du Roi.

## Le domaine aujourd'hui

Trois siècles après sa création, le domaine, quoiqu'amputé de ses terrains de chasse, demeure considérable. Les chiffres le prouvent : 850 hectares, 20 km de routes, autant de murs de clôture, 200 000 arbres et davantage de fleurs plantées chaque année, 35 km de canalisations, 11 hectares de toitures, 2 153 fenêtres, 700 pièces, 67 escaliers…
De son origine, il a conservé la noble architecture de Jules Hardouin-Mansart tant à Versailles qu'au Grand Trianon, le tracé régulier des jardins de Le Nôtre et la fantaisie des bosquets, la profusion d'une statuaire qui en fait le plus grand musée de sculptures en plein air du monde, le jaillissement de ses fontaines qui fonctionnent encore à l'ancienne. Si le temps a davantage transformé les intérieurs du château, le XVIIIe siècle a imprimé au domaine sa touche d'élégance et de naturel : au Petit Trianon, édifié par Gabriel sur ordre de Louis XV et, sous Louis XVI, au bosquet des Bains d'Apollon dessiné par Hubert Robert et au Hameau de la reine si révélateur de la personnalité de Marie-Antoinette. Toutes les richesses de ce lieu chargé d'histoire que nous nous attachons à sauvegarder, à faire comprendre et à faire revivre, nous vous invitons à prendre le temps de les découvrir.

*Ce n'est pas un palais,*
*C'est une ville entière*
*Superbe par sa grandeur,*
*Superbe en sa matière.*
Charles Perrault

# Plan du domaine

Du côté de l'ouest

1 Le parterre d'Eau
2 Le parterre et le bassin de Latone
3 L'Allée royale et le Tapis vert
4 Le bassin d'Apollon
5 Le grand canal

Du côté du nord

6 Le parterre du Nord
7 La Pyramide
8 Le bain des Nymphes
9 L'allée d'Eau
10 Le bosquet de l'Arc de triomphe
11 Le bosquet des Trois Fontaines
12 Le bassin du Dragon
13 Le bassin de Neptune

Du côté du midi

14 Le parterre du Midi
15 L'Orangerie
16 La pièce d'eau des Suisses

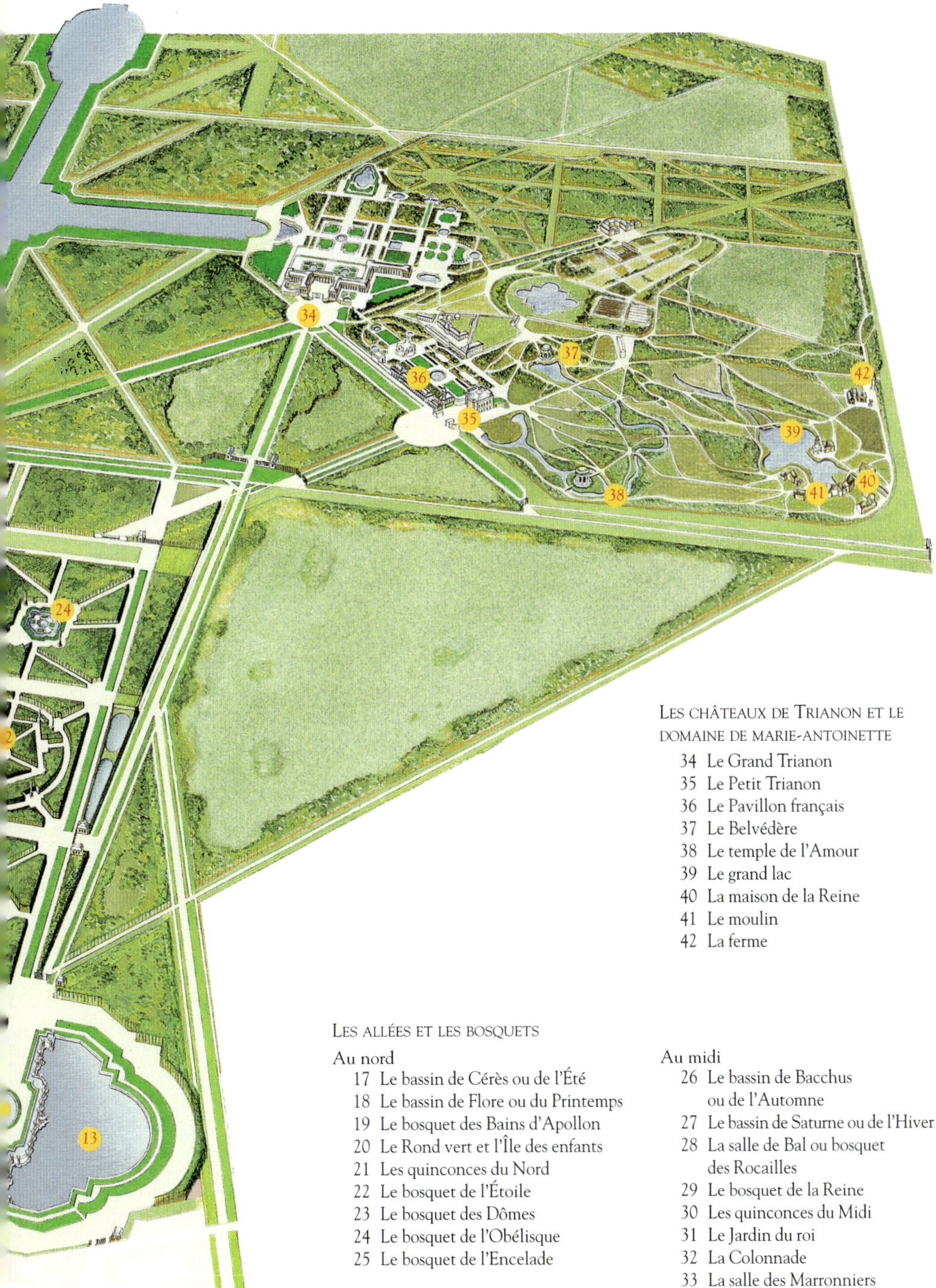


LES CHÂTEAUX DE TRIANON ET LE DOMAINE DE MARIE-ANTOINETTE

34 Le Grand Trianon
35 Le Petit Trianon
36 Le Pavillon français
37 Le Belvédère
38 Le temple de l'Amour
39 Le grand lac
40 La maison de la Reine
41 Le moulin
42 La ferme

LES ALLÉES ET LES BOSQUETS

Au nord

17 Le bassin de Cérès ou de l'Été
18 Le bassin de Flore ou du Printemps
19 Le bosquet des Bains d'Apollon
20 Le Rond vert et l'Île des enfants
21 Les quinconces du Nord
22 Le bosquet de l'Étoile
23 Le bosquet des Dômes
24 Le bosquet de l'Obélisque
25 Le bosquet de l'Encelade

Au midi

26 Le bassin de Bacchus ou de l'Automne
27 Le bassin de Saturne ou de l'Hiver
28 La salle de Bal ou bosquet des Rocailles
29 Le bosquet de la Reine
30 Les quinconces du Midi
31 Le Jardin du roi
32 La Colonnade
33 La salle des Marronniers

# Les écuries et le musée des Carrosses

Installées dans les édifices jumeaux qui font face au château, la Grande et la Petite Écurie constituaient deux services distincts et souvent rivaux. Dans la Grande Écurie, dirigée par le Grand Écuyer, quelque 300 chevaux étaient dressés pour la guerre ou pour la chasse. La Petite Écurie, dont le chef était le Premier écuyer, avait la charge des voitures, de leurs attelages ainsi que des montures ordinaires. Les bâtiments abritaient manèges, logements du personnel, écoles de pages, etc. Ils furent construits à vive allure en 1680, sous la direction de J. Hardouin-Mansart. Leur ampleur, la noblesse de leur architecture, la qualité de leur décor sculpté faisaient dire que les chevaux du roi de France étaient mieux logés que bien des princes d'Europe ! Louis XIV en était très fier et les faisait visiter volontiers.

Promenades ou courses en traîneau à travers les allées enneigées du parc divertissaient la Cour en hiver.

Carrosse de Napoléon Ier, *La Turquoise*.

Le musée des Carrosses occupe une galerie de la Grande Écurie qui se présente, avec ses mangeoires et ses râteliers pour le fourrage, comme au temps de Louis XIV. Les 2 000 voitures de la Cour ayant été vendues pendant la Révolution, c'est Louis-Philippe qui rassembla les traîneaux, les chaises à porteurs et les berlines qui s'y trouvent aujourd'hui. Ces dernières, commandées pour la célébration d'un événement dynastique (mariage, baptême, sacre, enterrement) par Napoléon Ier, par Louis XVIII et par Charles X sont d'une richesse exceptionnelle, notamment le carrosse du sacre de Charles X.

Carrosse du sacre de Charles X.

# Les cours et les façades, côté ville

Au-delà de la place d'Armes, qui précède la grille d'entrée, des bâtiments multiples et disparates se déploient, en largeur et en profondeur, évoquant davantage une ville qu'un château. De ce côté, rien de commun avec la majestueuse linéarité des façades donnant sur le parc. Après la grille d'entrée, les cours se succèdent en se rétrécissant : cour d'honneur, cour royale, cour de Marbre. Les constructions respectent l'architecture de brique, pierre et ardoise du premier château de Versailles construit par Louis XIII et que Louis XIV voulut conserver. Plus tard, les architectes eurent toujours le dessein de reconstruire ces façades, les voulant plus hautes, d'un matériau et d'un style plus nobles. C'est dans cet esprit que J. Hardouin-Mansart conçut la chapelle, et que Gabriel éleva à proximité l'aile et le pavillon à colonnes qui portent son nom.

Quand Pierre-Denis Martin peignit cette vue, tous les bâtiments présentaient la même harmonie bleu-blanc-rouge. Une seconde grille – détruite à la Révolution et restituée en 2008 – fermait la cour royale, délimitant le « logis du Roi ».

Sous Louis XIV, l'horloge de la cour de Marbre réglait la vie de la Cour ; mais après la mort du roi, elle demeura symboliquement arrêtée.

Devenue le centre d'un château immense, la petite construction de Louis XIII devait être embellie. Louis XIV la dota d'un pavage de marbre, d'un avant-corps à fronton et colonnes, de sculptures à profusion.

LES GLOIRES DE LA FRANCE

# Le château et le musée

Si le village de Versailles est remarqué d'abord par Henri IV, puis par son fils Louis XIII, c'est en raison de ses bois giboyeux. Louis XIII y acquit, en 1624, un pavillon de chasse qu'il fit remplacer en 1631 par un petit château, construit par Philibert Leroy, et que l'on retrouve dans les bâtiments qui entourent l'actuelle cour de Marbre.
Mais c'est Louis XIV qui donna sa renommée à Versailles. Lorsqu'en 1661, avec la mort du cardinal Mazarin commence le règne personnel du Roi-Soleil, débutent aussi les grands travaux. En deux ans, le roi ne dépensera pas moins d'un million cinq cent mille livres réparties entre l'accroissement du parc, la reconstruction des bâtiments de l'actuelle aile vieille, et l'enrichissement des appartements, jusque-là très simples. Dès lors, comme le montrent les peintures de Pierre Patel (1668, ci-contre)- puis de Pierre-Denis Martin (1722), Versailles prendra peu à peu les proportions et la physionomie que nous lui connaissons. Les différentes phases des travaux ordonnés par Louis XIV correspondent à l'évolution de la vie du roi et peut-être à ses passions.
De 1668 à 1710, date de l'inauguration de la chapelle, dernier édifice datant du règne de Louis XIV, Versailles sera en construction. Le Nôtre pour les jardins, Le Brun pour le programme iconographique, Le Vau puis Hardouin-Mansart pour l'architecture vont donner le meilleur de leur art et faire d'un pavillon de chasse un palais célèbre dans le monde entier.
Dans les jardins, les bosquets seront conçus au rythme des somptueuses fêtes du début du règne de Louis XIV. Certaines des réalisations les plus remarquables ont aujourd'hui disparu comme l'escalier des Ambassadeurs, détruit en 1752, ou l'appartement des Bains. Mais subsiste la fameuse galerie des Glaces, achevée en 1680, qui remplaça une terrasse séparant les appartements du roi de ceux de la reine.
De 1682 à 1789, Versailles fut le siège et le symbole de la monarchie, à l'exception d'une période correspondant aux premières années de la Régence durant laquelle Louis XV demeura à Vincennes. Les successeurs de Louis XIV ne bouleverseront pas l'aspect général de Versailles, néanmoins les multiples modifications, tant des jardins que des appartements, finiront par donner une figure nouvelle à la demeure du Roi-Soleil. Louis XV s'attacha particulièrement à Trianon où il créa, de 1749 à 1753, une nouvelle ménagerie, en 1750 le pavillon français, en 1761 le Petit Trianon, ainsi qu'un jardin botanique célèbre dans le monde entier, qui sera détruit par Marie-Antoinette pour faire place à un jardin anglais et au « Hameau de la reine ». En 1770, après l'achèvement de l'opéra royal à l'extrémité de l'aile nord, Louis XV se résigna à la reconstruction des bâtiments sur les cours, mais il mourut en 1774, avant d'avoir pu la réaliser, à l'exception de l'aile Gabriel, du nom de son architecte.

Les difficultés financières et la Révolution ne laissèrent pas la possibilité à Louis XVI de poursuivre ces travaux. Toutefois, de 1774 à 1777, il fit replanter le parc sous la direction de Hubert Robert qui imagina le bosquet des Bains d'Apollon et remplaça le Labyrinthe par le Jardin de la reine. Le 6 octobre 1789, la famille royale dut quitter le château pour les Tuileries à Paris. La Révolution vida alors Versailles de sa vocation en même temps que de son mobilier et de ses œuvres d'art et laissa un domaine aux jardins mal entretenus et aux bâtiments utilisés à divers usages dont certains ne manquaient pas d'intérêt comme le Musée spécial de l'École française.
En 1806-1807, et surtout après son mariage avec Marie-Louise d'Autriche en 1810, Napoléon souhaita restaurer

et remeubler le château, après avoir complètement réaménagé le Grand et le Petit Trianon. Il commença par faire bâtir par l'architecte Dufour un pavillon en pendant à l'aile Gabriel, qui ne sera achevé que sous Louis XVIII. Toutes les broderies appelées à orner les appartements furent commandées à Lyon, de même sont présentés de nouveaux décors pour certains appartements. De 1814 à 1824, Louis XVIII reprit ces projets et surtout fit restaurer tous les appartements du roi et de la reine. Son frère et successeur, Charles X, ne donna pas suite à ces restaurations, et quand survint la révolution de 1830, on pouvait craindre l'abandon, puis la destruction, de Versailles. Mais Louis-Philippe, descendant de Monsieur, frère de Louis XIV, voulut sauver le château en le transformant en « musée dédié à toutes les gloires de la France ». De 1833 à 1837, les travaux furent exécutés sur la cassette privée du souverain, non sans entraîner la destruction de certains décors intérieurs afin de pouvoir ranger par ordre chronologique ou thématique portraits et scènes historiques. L'inauguration eut lieu le 10 juin 1837, lors des fêtes données pour le mariage du prince royal Ferdinand.

Ce fut la dernière grande transformation du château de Versailles. Depuis la Seconde Guerre mondiale, on s'efforce de restaurer et de remeubler les quelque cent vingt pièces qui subsistent de l'ancienne résidence royale afin de donner la possibilité au public de mieux comprendre deux siècles d'histoire de France.

# Plan du rez-de-chaussée

## AUTOUR DE LA CHAMBRE DU ROI

### L'appartement du Dauphin

1 La salle des Gardes
2 La première antichambre
3 La deuxième antichambre
4 La chambre
5 Le grand cabinet
6 La bibliothèque

### L'appartement de la Dauphine

7 Le cabinet intérieur
8 La chambre
9 Le grand cabinet
10 La deuxième antichambre
11 La première antichambre

## LES AUTRES PARCOURS

### L'appartement de Madame Victoire

12 La première antichambre
13 Le salon des Nobles
14 Le grand cabinet
15 La chambre
16 Le cabinet intérieur
17 La bibliothèque

### L'appartement de Madame Adélaïde

18 Le cabinet intérieur
19 La chambre
20 Le grand cabinet

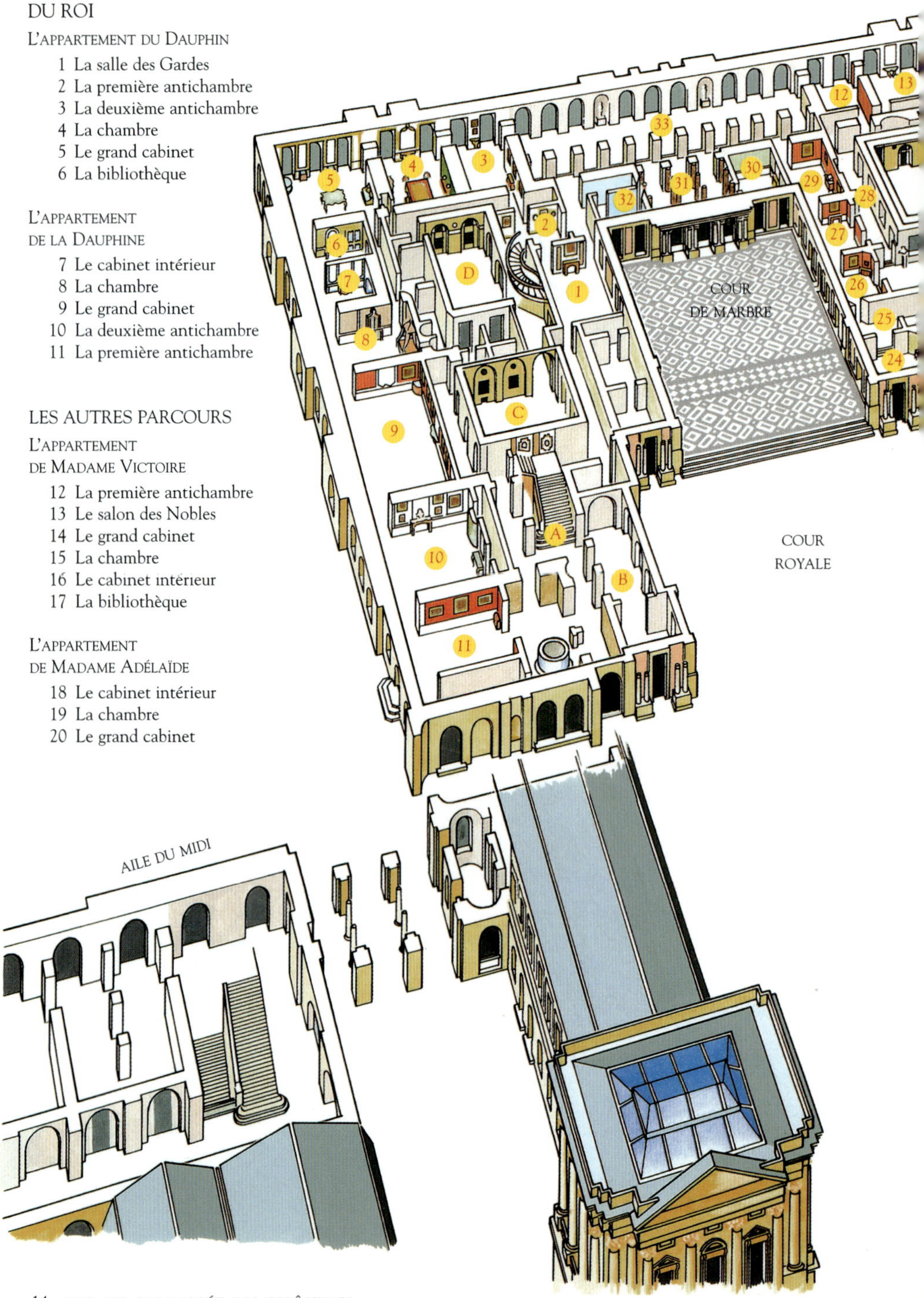

21 La salle des Hocquetons
(ancien salon de l'escalier des Ambassadeurs)
22 Vestibule de l'ancien escalier des Ambassadeurs
23 Vestibule
24 Salle des Gardes
25 Le degré du Roi

L'APPARTEMENT
DU CAPITAINE DES GARDES

26 Le grand cabinet
27 Le cabinet intérieur
28 La chambre

L'APPARTEMENT
DE MARIE-ANTOINETTE

29 La pièce de service de la Reine
30 La chambre
31 Le vestibule central
32 La salle de bains
33 La galerie basse

A L'escalier de Marbre ou de la Reine
B Le vestibule de l'escalier de la Reine
C La cour de Monseigneur
ou de la Reine
D La cour du Dauphin ou de la Reine
E La petite cour du Roi
F La cour des Cerfs

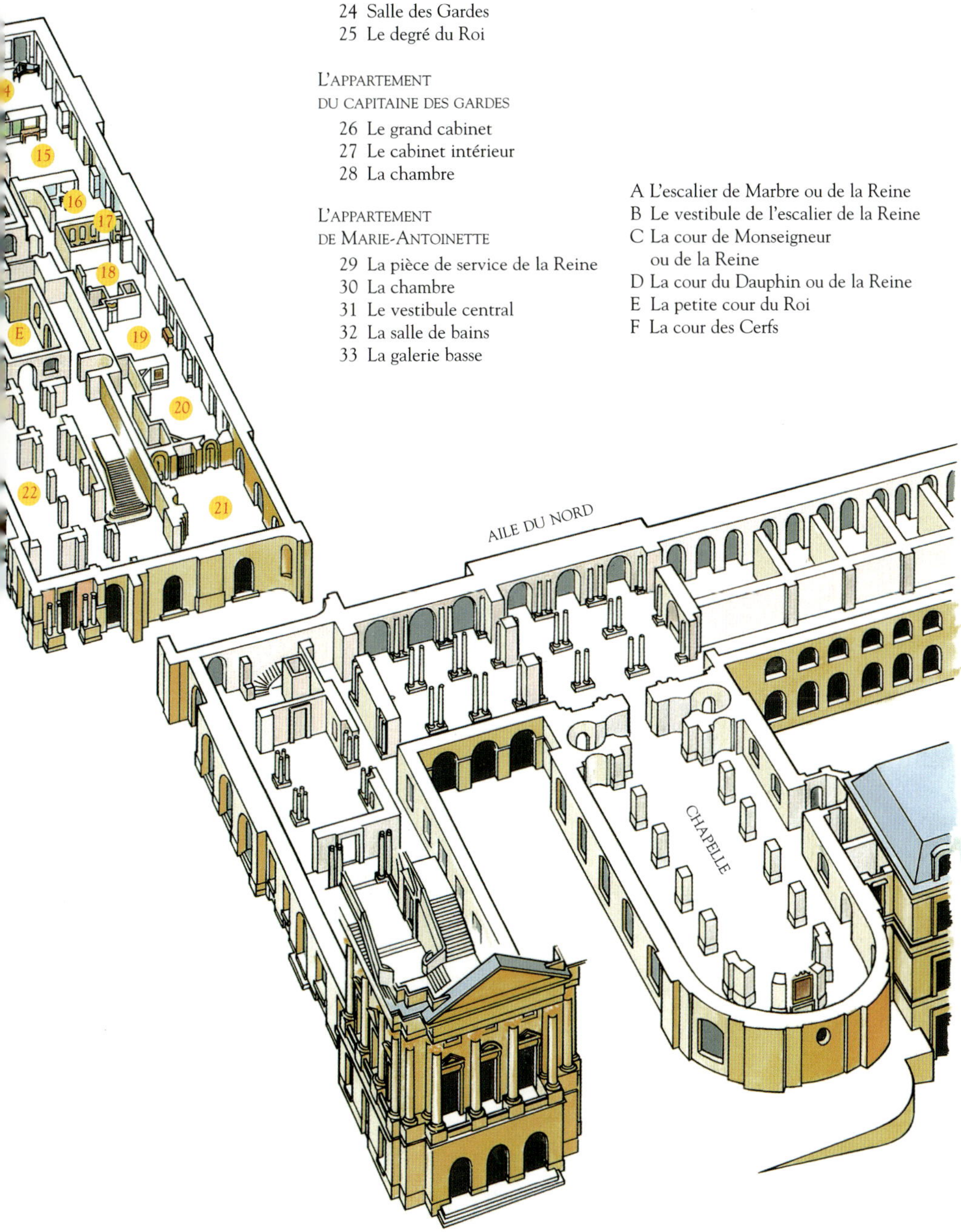

# Plan du premier étage

Le grand appartement du Roi

1 Le salon de l'Abondance
2 Le salon de Vénus
3 Le salon de Diane
4 Le salon de Mars
5 Le salon de Mercure
6 Le salon d'Apollon
7 Le salon de la Guerre
8 Le salon de la Paix

Le grand appartement de la Reine

9 La chambre de la Reine
10 Le grand cabinet ou salon des Nobles
11 L'antichambre du Grand Couvert
12 La salle des Gardes
13 L'escalier de Marbre (ou de la Reine)
14 Loggia donnant accès à l'appartement du roi

Les cabinets intérieurs de la Reine

a La pièce des Bains
b Supplément de bibliothèque
c Le cabinet intérieur
d La bibliothèque
e Le cabinet de la Méridienne
f Le cabinet de la duchesse de Bourgogne

L'appartement de Madame de Maintenon

g et h Antichambres
i La chambre
j Le grand cabinet

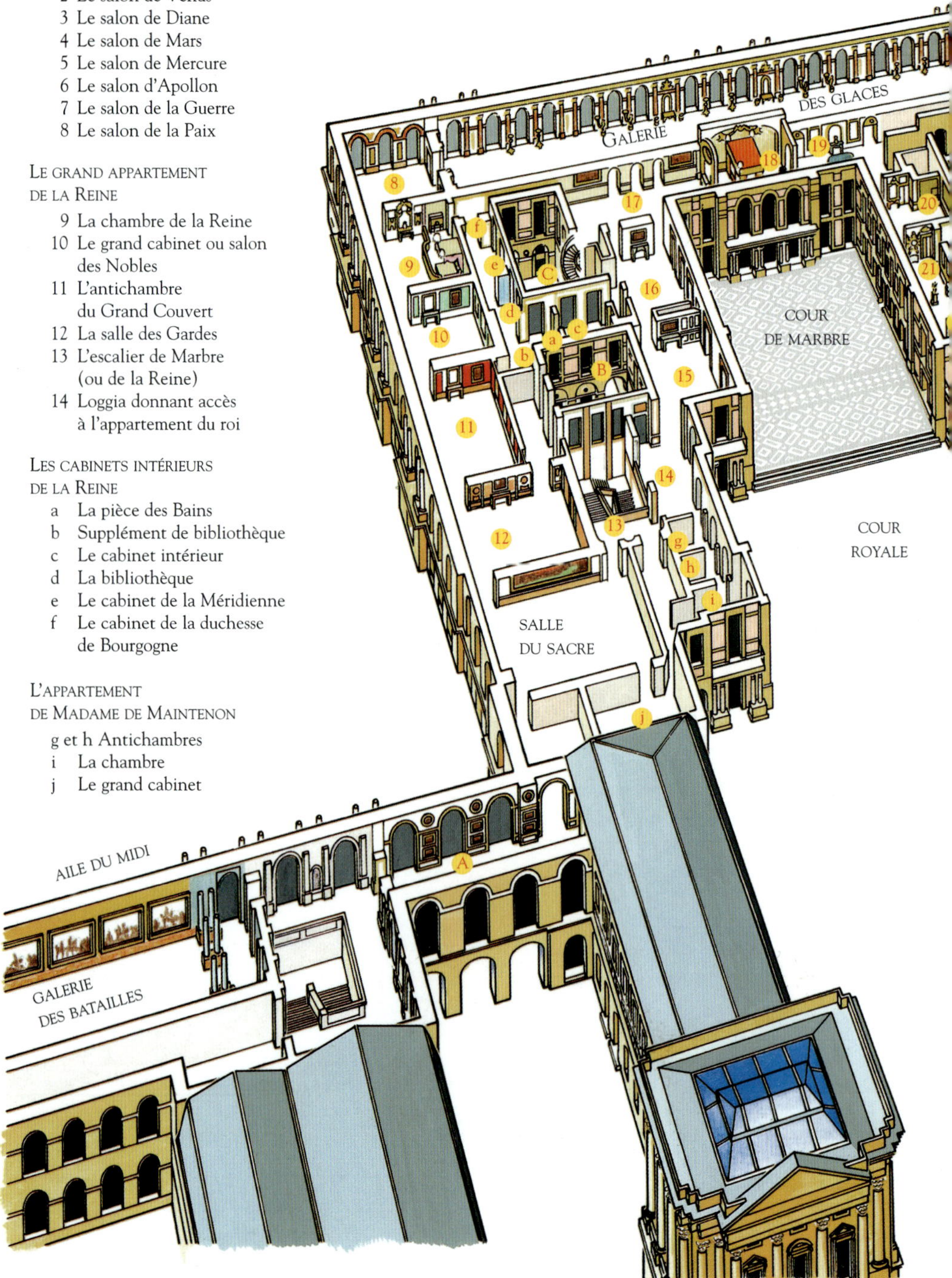

L'APPARTEMENT DU ROI

15 La salle des Gardes
16 L'antichambre du Grand Couvert
17 L'antichambre de l'Œil-de-Bœuf
18 La chambre du Roi
19 Le cabinet du Conseil

LE PETIT APPARTEMENT DU ROI

20 La chambre de Louis XV
21 Le cabinet de la Pendule
22 Le cabinet des Chiens
23 La salle à manger des Retours de chasse
24 Le cabinet intérieur
25 L'arrière-cabinet
26 Le cabinet de la Vaisselle d'or
27 Le cabinet des Bains
28 La bibliothèque de Louis XVI
29 La salle à manger des Salles neuves
30 La salle des Buffets
31 Le salon des Jeux de Louis XVI

A La salle de 1792
B La cour de Monseigneur ou de la Reine
C La cour du Dauphin ou de la Reine
D La cour des Cerfs
E Le degré du Roi
F La petite cour du Roi
G La tribune royale de la chapelle
H Les salles du XVIIe siècle

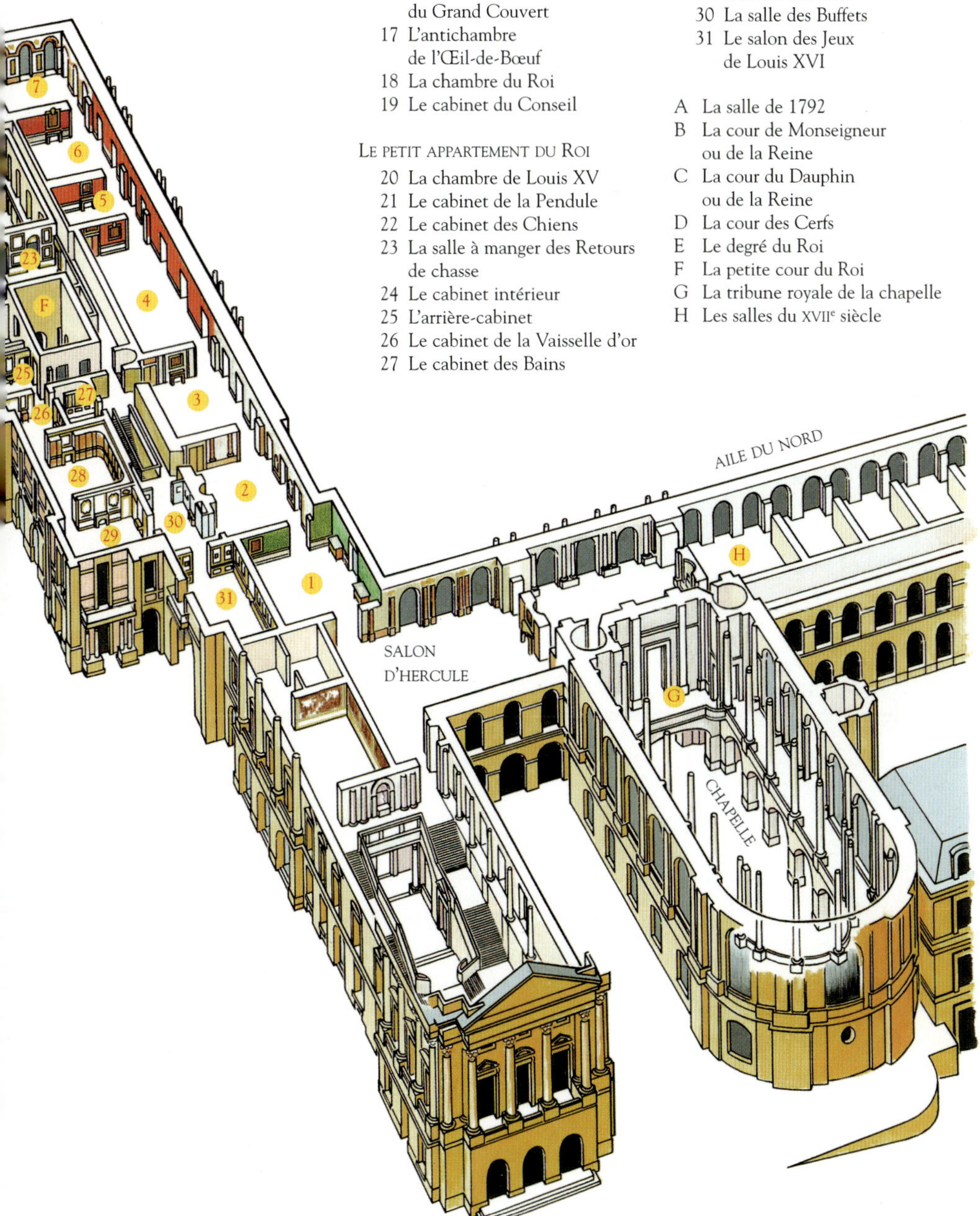

# PARCOURS DES GRANDS APPARTEMENTS

## LES GALERIES HISTORIQUES : LES SALLES DES CROISADES ET DU XVII<sup>E</sup> SIÈCLE

C'est à Louis-Philippe, roi des Français de 1830 à 1848, que l'on doit la transformation de Versailles en musée dédié à « toutes les gloires de la France ». Par son désir de réconcilier tous les régimes, le roi citoyen parvint à créer le premier musée d'histoire de France. Il transforma les appartements des princes ou des courtisans en vastes salles où étaient réunies les peintures et les sculptures anciennes les plus évocatrices. Les salles consacrées au XVII^e^ siècle sont une bonne introduction à la visite des appartements royaux situés au premier étage du corps central.

Le grand tableau de Claude Hallé, ci-dessous, représentant l'*Audience accordée par Louis XIV au doge de Gênes dans la galerie des Glaces, le 15 mai 1685*, permet de se faire une idée du mobilier d'argent qui ornait les salles du grand appartement.

Les salles des Croisades, au nombre de cinq, ont leurs plafonds ornés des armoiries des familles qui allèrent au Moyen Âge délivrer les lieux saints. Parmi les nombreuses peintures, toutes rétrospectives, la plus fameuse était l'*Entrée des croisés à Constantinople* par Delacroix (l'original, aujourd'hui au Louvre, est remplacé par une copie). Ces décors servent d'écrin à la porte de l'hôpital des chevaliers de Saint-Jean à Rhodes, offerte par le sultan ottoman Mahmud II à Louis-Philippe.

Très représentatifs des grands personnages qui œuvrèrent pour Versailles sont les portraits de Le Nôtre par Maratta et de Colbert par Lefevre. Le second, contrôleur général des Finances et surintendant des Bâtiments du roi fut sans doute le meilleur ministre de Louis XIV. Il mourut en 1689.

# La chapelle

Suivant en cela la tradition des chapelles palatines, elle comporte deux étages. Les tribunes étaient réservées au roi, à la famille royale et aux personnes importantes de la Cour, le rez-de-chaussée accueillait le reste des fidèles. Consacrée en 1710, et dédiée à saint Louis, ancêtre et saint patron de la famille royale, la chapelle est le dernier édifice construit à Versailles sous le règne de Louis XIV.

Le décor de la voûte figure la continuité entre l'*Ancien* et le *Nouveau Testament*. Les trois compositions qui le constituent font en effet référence à la Sainte-Trinité : au centre, *La Gloire du Père éternel annonciatrice de la venue du Messie* par Antoine Coypel, au-dessus de l'autel, *La Résurrection du Christ* par Charles de La Fosse, au-dessus de la tribune royale *Le Saint-Esprit descendant sur la Vierge et les Apôtres* par Jean Jouvenet.

## Le salon de la chapelle

Pour assister à la messe le roi devait traverser cette pièce qui relie la tribune royale au grand appartement. Son décor s'apparente donc à celui de la chapelle avec un contenu plus profane ; deux niches abritent des statues commandées par Louis XV : *La Gloire tenant le médaillon de Louis XV* par Vassé, et *La Magnanimité royale* par Bousseau.

# Le grand appartement du Roi

Le grand appartement, appelé ainsi par opposition aux petits appartements ou appartements intérieurs du Roi, trouva son parfait achèvement lors de la construction de la galerie des Glaces et des salons de la Guerre et de la Paix de 1678 à 1686. Après avoir servi d'habitation au roi, le grand appartement fut utilisé aussi bien comme appartement d'apparat (c'est là qu'étaient accrochés quelques-uns des plus beaux tableaux des collections royales) que comme salons de réception, à l'occasion de ce que l'on appelait les « soirs d'appartement » : ils avaient lieu le lundi, le mercredi et le jeudi de six heures à dix heures du soir et servaient de cadre aux différents divertissements offerts aux courtisans.

## Le salon d'Hercule

Ce salon fut construit pour servir de cadre au *Déjeuner chez Simon* de Véronèse, offert par la République de Venise à Louis XIV en 1664. Établi à l'emplacement de la quatrième chapelle, utilisée de 1682 à 1710, durant donc la majeure partie du règne versaillais de Louis XIV, le salon d'Hercule, commencé en 1712, ne fut achevé qu'en 1736, avec la réalisation du plafond par François Lemoyne représentant *L'Apothéose d'Hercule*.

# Le salon de l'Abondance

À l'origine, ce salon ouvrait sur le cabinet des Curiosités ou des Raretés, actuellement salon des Jeux de Louis XVI, où se trouvaient exposées les pièces les plus précieuses des collections de Louis XIV. Il s'agissait selon le témoignage de Mademoiselle de Scudéry « [de] vases garnis d'or, de diamants ; d'autres d'agates incrustées d'émeraude, de turquoise, de jade, de perles, etc., [de] porcelaines de la Chine et du Japon ».

Grâce à la balustrade peinte tout autour du plafond par Houasse, nous pouvons nous faire une idée des objets qui constituaient la collection des « raretés » de Louis XIV. Le plus prestigieux était la nef ornée de rubis et de diamants qui contenait les couverts et la serviette du roi et qui est représentée au-dessus de la porte, face aux fenêtres, elle-même surmontée de la Magnificence royale.

## Le salon de Vénus

Les soirs d'appartement, le salon de Vénus servait à la collation. Le *Mercure Galant* rapporte qu'on y dressait des tables chargées de bassins d'argent contenant les confitures, les fruits naturels et les fruits confits. Outre le décor de perspectives en trompe-l'œil et les deux statues également en trompe-l'œil de Méléagre et Atalante, la glorification du souverain apparaît sous la forme d'une statue en pied représentant Louis XIV en empereur romain exécutée par Jean Warin. Dans l'ovale du plafond, René-Antoine Houasse a peint le motif qui donne son nom à ce salon : *Vénus assujettissant à son empire les divinités et les puissances*.

## Le salon de Diane

Louis XIV, qui excellait au billard, fit installer ici une grande table recouverte, en temps ordinaire, d'un tapis de velours cramoisi garni d'une frange d'or au bas. Les dames suivaient la partie assises sur des banquettes, installées sur des estrades, ce qui leur permettait de dominer le spectacle et d'applaudir aux succès du roi. L'ensemble de la décoration de cette pièce se rapporte à la légende de la déesse Diane.
Au-dessus de la cheminée se trouve *Le Sacrifice d'Iphigénie* par Charles de La Fosse et, en face, *Diane et Endymion* (1672) par Gabriel Blanchard. Le Bernin exécuta le buste de Louis XIV ci-contre.

# Le salon de Mars

Jusqu'en 1682, ce salon servit de salle des Gardes du roi. Ce qui explique sa décoration guerrière, en particulier la corniche où alternent casques et trophées. Ce lieu changea ensuite de destination, il servit à donner des concerts les soirs d'appartement. D'ailleurs entre 1684 et 1750 on pouvait voir, de part et d'autre de la cheminée, des tribunes pour les musiciens.
*David jouant de la harpe* du Dominiquin (ci-contre), mentionné en 1794 dans le salon voisin, c'est-à-dire le salon de Mercure, a été placé là où se trouvait sous le règne de Louis XIV *Le Mariage mystique de sainte Catherine* de Véronèse.

## Le salon de Mercure

Les salons de Mercure et d'Apollon furent les plus luxueux du château de Versailles avec en particulier, jusqu'à sa fonte en 1689, une partie du célèbre mobilier d'argent. En 1682, au moment où la Cour et le gouvernement se sont installés officiellement à Versailles, le salon de Mercure était la chambre de parade. Pour rappeler cette fonction d'origine, on a placé le lit commandé par Louis-Philippe pour la chambre de Louis XIV lors de la transformation de Versailles en musée.

Le motif central du plafond peint par Jean-Baptiste de Champaigne représente Mercure sur son char tiré par deux coqs. Le même artiste a réalisé les peintures des voussures qui figurent Alexandre le Grand et Ptolémée II Philadelphe entourés de savants ou de philosophes.

La pendule à automates a été offerte à Louis XIV par l'horloger Antoine Morand en 1706. À chaque heure, on voit apparaître la statue de Louis XIV et une Renommée descendant d'un nuage. Cette pendule ne fut sans doute placée dans le salon de Mercure qu' au XVIIIe siècle.

## Le salon d'Apollon

Versailles fut le premier château royal à posséder une salle du trône. Ne mesurant pas moins de 2 m 60 de haut, le trône d'argent fut fondu en 1689, et fut remplacé, sous Louis XV, par un trône en bois doré. Le salon d'Apollon était utilisé pour les audiences solennelles. Au plafond Charles de La Fosse a peint le *Char d'Apollon* (voir pages suivantes). Le célèbre portrait de Louis XIV par Rigaud (ci-contre) fut exposé ici jusqu'à la Révolution. Pour lui faire face était accroché celui du souverain régnant, Louis XVI par Callet. Une estrade, de même que les pitons à la voussure, évoquent l'emplacement du trône et de son dais.

# Le salon de la Guerre

Dans le salon de la Guerre sont évoquées les victoires de Louis XIV sur les puissances coalisées lors de la guerre de Hollande ainsi que les traités de Nimègue qui mirent fin à celle-ci en 1678. La cheminée dessinée par Le Brun est surmontée du grand médaillon réalisé par Antoine Coysevox qui évoque un épisode important de la guerre de Hollande : Louis XIV est représenté, à cheval et en costume antique, lors du passage du Rhin par les troupes françaises, le 12 juin 1672. Dans le foyer, on voit Clio, la muse patronne de l'Histoire, écrivant l'histoire du roi. Dans le même esprit Coysevox a exécuté, en collaboration avec Le Conte, Arcy et Prou, les trophées d'armes qui surmontent les fausses portes de glace.

# La galerie des Glaces

Le salon de la Guerre, la galerie des Glaces et le salon de la Paix forment un ensemble dont le décor est consacré aux victoires militaires et aux succès politiques de Louis XIV. Cet ensemble n'est pas contemporain des premiers grands travaux entrepris par l'architecte Le Vau. Dans le projet d'enveloppe de pierre autour du petit château de Louis XIII, qu'il exposa en 1668, ce dernier avait crée sur la façade ouest donnant sur les jardins une terrasse. C'est Jules Hardouin-Mansart qui présenta au roi, le 26 septembre 1678 (année de la signature des traités de Nimègue), le projet de construction de l'actuelle galerie des Glaces. Les travaux commencèrent aussitôt pour se terminer en 1684.

Sous l'Ancien Régime, la galerie des Glaces était un lieu de passage pour se rendre au grand appartement du Roi. Là se rencontraient les courtisans qui espéraient voir le monarque lorsque, chaque matin, il se rendait à la chapelle. Certains en profitaient pour lui présenter une requête. Lorsqu'il recevait les ambassades extraordinaires, comme celle du Siam en 1686, Louis XIV y faisait installer son trône d'argent, habituellement placé dans le salon d'Apollon. S'y déroulèrent également de grandes fêtes, telles que les bals parés ou les bals masqués donnés à l'occasion des mariages princiers.

Dans un premier temps Louis XIV fit placer dans la galerie des Glaces des meubles d'argent massif qui avaient été dessinés par Charles Le Brun. Mais ce mobilier fut fondu en 1689 pour faire face aux dépenses de guerre. Il était constitué de torchères, de guéridons et de tables pour porter des flambeaux, de grands vases pour mettre des orangers, le tout finement ciselé par les meilleurs orfèvres de l'époque.

# La galerie des Glaces

Charles Le Brun a illustré au plafond l'histoire du règne de Louis XIV, avec pour thème dominant la guerre qui l'opposa à la Hollande et à ses alliés (1672-1678) et la guerre de Dévolution des droits de la Reine (1667-1668). L'ensemble de la composition s'ordonne autour du motif central intitulé *Le Roi gouverne par lui-même*, où l'on voit Louis XIV, face aux grandes puissances européennes, se détourner des plaisirs et des jeux pour contempler la couronne d'immortalité que lui tend la Gloire et que lui désigne Mars, dieu de la Guerre. Les torchères furent renouvelées en 1770 lors du mariage du futur Louis XVI avec l'archiduchesse Marie-Antoinette de Habsbourg-Lorraine. Ce sont ces torchères qui ont été reconstituées par moulage des six modèles originaux conservés et placés dans le salon d'Apollon. Il en est de même des vingt-quatre lustres accrochés jadis uniquement les soirs de fête.

# Le salon de la Paix

Comme son nom l'indique, ce salon est entièrement consacré à l'évocation de la paix : celle qui succède aux guerres représentées dans le salon de la Guerre et la galerie des Glaces, celle qu'instaurent les rois de France afin de légitimer la place dominante de leur pays en Europe. Au-dessus de la cheminée un tableau de François Lemoyne (1729) montre *Louis XV donnant la paix à l'Europe*. Très rapidement ce salon fut réuni à l'appartement de la reine pour servir de salon des Jeux ; il fut alors séparé de la galerie par une cloison mobile qui fermait l'arcade de communication. Sous Louis XV, la reine Marie Leszczinska y donnait chaque dimanche des concerts de musique sacrée ou profane qui jouèrent un grand rôle dans la vie musicale de Versailles.

# LE GRAND APPARTEMENT DE LA REINE

La symétrie caractéristique de Versailles se retrouvait à l'origine entre l'appartement de la reine et celui du roi. L'un et l'autre comprenaient le même nombre de pièces ; le décor des plafonds était consacré aux mêmes divinités et planètes, ils se distinguaient seulement par les tableaux des voussures qui, chez le roi, représentaient des figures masculines et, chez la reine, des figures féminines.

## La chambre de la Reine

C'est dans cette chambre que la reine mettait au monde publiquement les héritiers du trône. Madame Campan, qui fut la Première femme de chambre de Marie-Antoinette, décrit dans ses *Mémoires* ce que pouvaient être de tels accouchements : « À l'instant où l'accoucheur Vermond dit à haute voix : "La reine va accoucher", les flots de curieux qui se précipitèrent dans la chambre furent si nombreux et si tumultueux, que ce mouvement pensa faire périr la reine. Deux Savoyards montèrent sur des meubles pour voir plus à l'aise la reine placée en face de la cheminée sur un lit dressé pour le moment de ses couches. »

# Le salon des Nobles

La reine de France accordait dans le salon des Nobles ses audiences officielles et se faisait présenter les dames nouvellement admises à la Cour. Certains éléments du décor, en particulier le plafond, où figure une allégorie de Mercure, rappellent qu'à l'origine l'appartement de la reine était symétrique à celui du roi. Le mobilier est celui conçu en 1785 pour Marie-Antoinette.

## L'antichambre du Grand Couvert

À l'époque de la reine Marie-Thérèse, cette salle était la salle des Gardes de la reine ; le plafond orné de sujets guerriers en est un témoignage. Les visiteurs qui avaient obtenu une audience auprès de la reine devaient patienter ici avant d'entrer dans le salon des Nobles ou dans la chambre. Cette pièce servait également pour des concerts et des représentations théâtrales. Son nom de Grand Couvert vient du cérémonial auquel se soumettaient les souverains, qui consistait à prendre certains repas en public. Un des plus notables fut celui que Louis XV et Marie Leszczinska prirent ici en compagnie du petit Mozart le 1er janvier 1764.

Parmi les tableaux accrochés dans l'antichambre du Grand Couvert, le plus fameux est la grande peinture d'Élisabeth Vigée-Lebrun exposée au salon de 1787. On y voit Marie-Antoinette avec ses trois enfants : Madame Royale qui survécut à la Révolution ; le duc de Normandie, futur Louis XVII, mort dans la prison du Temple en 1795 ; le dauphin, mort en 1789, montrant un berceau vide où devait être représentée Madame Sophie, morte en bas âge, avant l'achèvement du tableau.

## La salle des Gardes de la reine

Cette pièce, affectée en permanence aux gardes du corps de la reine, était continuellement encombrée de paravents dissimulant des lits de camps, des tables et des râteliers pour les armes. C'est ici que le 6 octobre 1789 au matin, des gardes se firent tuer pour laisser à la reine la possibilité de se réfugier auprès du roi.

Le peintre Noël Coypel a représenté, dans les angles du plafond, des courtisans penchés vers la salle et qui semblent observer les allées et venues.

# Les galeries historiques

## La salle du Sacre

Ce lieu fut dans un premier temps occupé par la troisième chapelle du château. Au moment de l'installation définitive de la Cour et du gouvernement, en 1682, il devint la grande salle des Gardes commune au roi et à la reine. Encombrée en permanence par les chaises à porteur des dames de la Cour, les bancs, les paravents, les râteliers d'armes, tendue de grosse toile peinte, les courtisans la nommaient le « magasin ». C'est là que, chaque jeudi saint se déroulait la cérémonie du lavement des pieds de treize enfants pauvres. Son aspect actuel et son nom datent du règne de Louis-Philippe qui y fit placer le tableau de David représentant *Le Sacre* du 2 décembre 1804.

# La galerie des Batailles

Située dans l'aile du Midi ou aile des Princes dont elle occupe, du côté du parc, le premier étage et l'attique, elle a remplacé des appartements réservés aux membres de la famille royale. Elle fut conçue par les architectes Nepveu et Fontaine pour servir de cadre à de grandes peintures dédiées aux principales victoires françaises, depuis Tolbiac, gagnée par Clovis en 497, jusqu'à Wagram remportée par Napoléon en 1809. Voulue expressément par Louis-Philippe, elle abrite en outre les bustes de grands officiers et de princes du sang morts pour la France, ainsi que des plaques commémoratives où sont inscrits leurs noms et dates. Sorte de pendant à la galerie des Glaces, elle mène à la salle de 1830, créée pour glorifier l'accession de Louis-Philippe au trône et la nouvelle monarchie constitutionnelle issue de la révolution de 1830.

Les peintures décorant la galerie des Batailles ne sont pas d'égale qualité : *Marignan* par Evariste Fragonard, *L'Entrée de Henri IV à Paris* et *La Bataille d'Austerlitz* par Gérard sont à remarquer. Mais c'est surtout *Saint Louis à Taillebourg* par Delacroix (détail ci-dessus) qui est fameux par le talent que l'artiste a mis à représenter avec fougue et de façon toute romantique un événement vieux de plus de six cents ans.

# AUTOUR DE LA CHAMBRE DU ROI

## L'appartement du Roi

L'appartement du Roi comporte une salle des gardes, deux antichambres, une chambre et un grand cabinet, nommé plus généralement salle du Conseil.
On y accède par l'escalier de Marbre, aussi appelé escalier de la Reine, car dans un premier temps il desservait seulement l'appartement de la reine Marie-Thérèse. Dès 1681, il remplaça un escalier plus modeste et servit, après la mort de la souveraine, en 1683, d'accès au nouvel appartement de Louis XIV. Il fut conçu pour être le digne pendant de l'escalier des Ambassadeurs, détruit en 1752.

### L'escalier de Marbre

Outre le décor de marbre et la sculpture en plomb doré de Massou symbolisant l'union de Louis XIV et de Marie-Thérèse, l'escalier de Marbre est orné d'une vaste peinture représentant une perspective de palais, œuvre de Meusnier pour l'architecture, Poerson pour les personnages et Belin de Fontenay pour les fleurs.

### La salle des Gardes et l'antichambre du Grand Couvert

La salle des Gardes du corps est uniquement décorée de boiseries blanches avec en dessus-de-cheminée la représentation de *La Bataille de Leuze* par Parrocel, hommage aux gardes du corps qui s'y illustrèrent, en 1691, sous les ordres du maréchal de Luxembourg. Plus richement ornée que la salle des Gardes, la première antichambre servait tous les soirs, sous Louis XIV, au Grand Couvert, c'est-à-dire au souper que le roi prenait en public. La table du roi était dressée devant la cheminée ; sa cuillère, son couteau et sa fourchette étaient apportés dans une boîte en orfèvrerie appelée cadenas, d'où vient l'expression « mettre le couvert ». Quant à la nourriture, elle était apportée en grande cérémonie depuis le Grand Commun. Dans la première antichambre était dressée tous les lundis matin une table recouverte d'un tapis de velours vert, derrière laquelle un fauteuil symbolisait la présence du roi. Chacun pouvait y déposer une requête au monarque qui ne restait jamais sans réponse.

## L'antichambre de l'Œil-de-Bœuf

La seconde antichambre, appelée « de l'Œil-de-Bœuf » à cause des ouvertures pratiquées dans sa voussure, ne reçut ses dimensions actuelles qu'en 1701. Elle servait de « salle d'attente » pour les cérémonies du lever et du coucher du roi. Les peintures de Bassan ont été remplacées par différents portraits de la famille royale sous Louis XIV, avec en particulier une grande composition mythologique par Jean Nocret (ci-contre).

# La chambre du Roi

Depuis l'origine du château, cette pièce centrale était un grand salon. À la mort de la reine Marie-Thérèse, elle fut rattachée à l'appartement du Roi et généralement appelée « le salon où le roi s'habille ». À cette époque, ce salon ouvrait par trois arcades sur la galerie des Glaces dont il était une sorte de complément. En 1701, Louis XIV décida d'en faire sa chambre à coucher ; le tableau de François Marot, ci-dessous, nous la montre telle qu'elle se présentait à cette époque. C'est là que le Roi-Soleil mourut le 1er septembre 1715. Après lui, Louis XV aussi bien que Louis XVI continueront ici les cérémonies du lever et du coucher. C'est de son balcon que le 6 octobre 1789 Louis XVI, la reine et le dauphin apparurent à la foule avant d'être contraints de quitter Versailles pour Paris.

# La chambre du Roi

En 1701, quand le Grand Salon devint chambre à coucher, les arcades sur la galerie furent fermées et remplacées par une alcôve tendue de velours en hiver, comme tout le mobilier, et en été de brocart (brodé à fils d'or) ; c'est ce dernier état qui a été reconstitué. À cette même époque, Coustou sculpta le relief représentant *La France veillant sur le sommeil du roi* qui domine le lit du roi.

Parmi les peintures encastrées dans les boiseries et toujours en place, deux sont particulièrement significatives des goûts de Louis XIV : l'autoportrait de Van Dyck et *Le Tribut de César* par Valentin de Boulogne.

# Le cabinet du Conseil

L'ancien grand cabinet de Louis XIV et son cabinet des Perruques furent réunis en 1755 et constituèrent l'actuelle salle du Conseil, où l'on voit dans les boiseries, dessinées par Gabriel et sculptées par Rousseau, des médaillons rappelant le travail du roi. Le Conseil des ministres se réunissait ici le dimanche et le mercredi, et parfois le lundi. Le Conseil des finances avait lieu le mardi et le samedi. Certains conseils extraordinaires, tel celui des dépêches, se déroulaient une ou deux fois par mois. Le roi était assis dans un fauteuil, les ministres sur des pliants. En outre, sous Louis XIV comme sous ses successeurs, le roi réunissait sa famille pour certaines cérémonies, telle la signature des registres lors des mariages des princes. C'est ici également que Louis XIV accepta en 1700 la couronne d'Espagne pour son petit-fils le duc d'Anjou dont descend l'actuel roi Juan Carlos.

# Les appartements du Dauphin et de la Dauphine

Par un petit escalier, datant dans son état actuel du règne de Louis XVI, on descend de l'antichambre de l'Œil-de-Bœuf dans l'appartement du Dauphin qui communique, par sa bibliothèque, avec l'appartement de la Dauphine. Ils évoquent les lieux où vécurent le dauphin, fils de Louis XV, père de Louis XVI, et son épouse Marie-Josèphe de Saxe. Malgré les transformations de Louis-Philippe, quelques pièces ont conservé tout ou partie de leurs boiseries ; c'est le cas de la chambre (ci-dessous), du grand cabinet et de la bibliothèque du Dauphin (ci-contre), ainsi que du cabinet intérieur de la Dauphine (page de droite). On ne doit pas oublier qu'au XVII^e^ siècle le Grand Dauphin, fils de Louis XIV, s'y était fait aménager un appartement célèbre par sa beauté et la richesse de ses collections, où devait par la suite, pendant la minorité de Louis XV, loger le régent Philippe d'Orléans.

S'il n'a pas été possible de rapporter tout le mobilier qui ornait ces appartements, certains meubles ont toutefois été retrouvés. Il en est ainsi du globe commandé en 1781 par Louis XVI au géographe Mancelle pour l'éducation du dauphin, du bureau plat de Bernard Van Rysen Burgh et Œben livré pour le dauphin en 1756 et constamment utilisé par Louis XVI dans sa bibliothèque sous les combles puis dans son cabinet de la cassette, ou du bureau en dos d'âne livré en 1745 par B.V.R.B. pour la première dauphine et réutilisé par la dauphine de Saxe, de même que la commode de Gaudreaux livrée pour la chambre de la Dauphine à Fontainebleau.

# LES AUTRES PARCOURS

## Le petit appartement du Roi

Appelé petit appartement du Roi sous Louis XIV, cette suite de pièces fut nommée, sous Louis XV et Louis XVI, appartement intérieur. En effet, après avoir été sous le Grand Roi un appartement réservé aux collections du souverain, il devint, à partir de 1737, un véritable appartement où Louis XV puis Louis XVI habitèrent.

### La chambre de Louis XV

Quand Louis XV décida en 1738 de se faire installer une chambre plus petite que celle de Louis XIV, il n'en continua pas moins à poursuivre les cérémonies du lever et du coucher dans celle de son aïeul. C'est ici que le 10 mai 1774, il mourut de la petite vérole. C'est également ici que Louis XVI coucha pour la dernière fois à Versailles dans la nuit du 5 au 6 octobre 1789.

### Le cabinet de la Pendule

Constituant deux pièces, dont la seconde ouvrait par une arcade sur la suivante et formant les cabinets des tableaux de Louis XIV, le cabinet de la Pendule fut plusieurs fois transformé sous Louis XV pour trouver son aspect définitif en 1760, afin de mettre en valeur la pendule astronomique conçue par Passemant qui fut placée dans ce salon dès 1754. En face se trouve un baromètre de Delamaire commandé par Louis XV, livré sous Louis XVI, et installé seulement en 1827, sous Charles X.

La pendule astronomique, grâce à son mécanisme complexe, indique l'heure, le jour, le mois et son quantième, l'année et le quartier de la lune ; dans le globe de cristal qui la couronne on peut voir les planètes opérer leur révolution autour du soleil selon le principe de Copernic.

## Le cabinet intérieur

Plusieurs fois transformé, le cabinet de travail ou cabinet intérieur reçut son décor définitif en 1760. Auparavant, Verberckt y avait sculpté, de même que dans le cabinet de la Pendule, les magnifiques boiseries que l'on voit encore. Du règne de Louis XV date le grand bureau à cylindre d'Œben et Riesener (1760-1769).

# La bibliothèque de Louis XVI

Comme la pièce précédente, dite salon de la Vaisselle d'or, et la suivante, dite salle à manger des Porcelaines, la bibliothèque est à l'emplacement de l'ancien escalier des Ambassadeurs et de la Petite Galerie. Elle fut réalisée dès l'avènement de Louis XVI, en 1774. De son ancien mobilier, outre les globes terrestre et céleste, elle a conservé sa table dont le plateau, fait d'une seule pièce, mesure 2 mètres 10 de diamètre.

## La salle à manger des Porcelaines

Cette salle trouva ses dimensions actuelles en 1769, quand Louis XV réunit l'appartement de sa fille, Madame Adélaïde, à ses cabinets intérieurs. Cependant, son mobilier et ses étoffes sont ceux conçus en 1785 pour Louis XVI. Les différentes pièces de porcelaine proviennent toutes de services d'origine royale. Elles rappellent que chaque année, vers Noël, le roi exposait ici les dernières productions de la manufacture royale de Sèvres. Chacun pouvait les admirer et en acheter.

Au mur sont accrochées des plaques de porcelaine de Sèvres peintes d'après les tapisseries des chasses royales de Louis XV par Oudry et transposées pour montrer les chasses de Louis XVI dans les forêts de Compiègne et de Fontainebleau. Ces plaques se trouvaient déjà ici sous l'Ancien Régime.

## Le salon des Jeux de Louis XVI

Sous Louis XIV se trouvait ici le cabinet des Curiosités ou des Raretés où étaient conservés quelques-uns des plus beaux objets des collections royales. Transformé en antichambre en 1753 pour Madame Adélaïde, le cabinet des Curiosités fut entièrement remanié en 1769 pour Louis XV, qui pensa en faire une bibliothèque. Louis XVI préféra y aménager son salon des Jeux : c'est pour cet usage que furent exécutées, en 1785, les chaises de Boulard qui ont retrouvé leur place ; de ce salon proviennent également les encoignures livrées par Riesener en 1775 et les tableaux de Van Blarenberghe ; ce sont des gouaches commandées par Louis XVI pour commémorer les différentes victoires remportées par son grand-père, Louis XV.

# Les petits cabinets du Roi

Les petits cabinets du Roi désignent une suite de pièces situées au-dessus de l'appartement intérieur qui constituèrent le domaine privé de Louis XV et de Louis XVI. La bibliothèque et ses suppléments, les cabinets de physique et de géographie montrent le goût de ces souverains pour l'étude et la recherche. En outre, certaines parties de ces petits cabinets devinrent des appartements destinés à des proches du roi.

## La bibliothèque de Madame du Barry

Créée en 1753 pour Madame Adélaïde lorsque cette dernière habitait les actuelles salles neuves, elle a trouvé son aspect définitif en 1769 lorsqu'elle fut rattachée à l'appartement de Madame du Barry qui occupait une partie des petits cabinets du Roi.

## Le degré du Roi

Cet escalier desservait aussi bien l'appartement intérieur que les petits cabinets du Roi. Il fut le théâtre, le 5 janvier 1757, de l'attentat perpétré par Damiens contre Louis XV, alors que le souverain s'apprêtait à partir pour Trianon.

# Les petits appartements de Marie-Antoinette

Réduits aujourd'hui à peu de pièces (salon oratoire, salle de bains), les cabinets intérieurs de la Reine trouvèrent leur plus grande expansion au temps de Marie-Antoinette. Celle-ci disposa non seulement des cabinets intérieurs de Marie Leszczinska, au premier étage, mais aussi d'une suite de petites pièces situées au deuxième étage, autour des cours intérieures, et d'un véritable appartement au rez-de-chaussée, là où avait habité jusqu'à sa mort en 1782, Madame Sophie, tante de Louis XVI.

## Le cabinet intérieur de la Reine

Appelé également Cabinet doré, il succéda à la chambre du duc de Bourgogne, père de Louis XV, et au cabinet intérieur de Marie Leszczinska. Il fut attribué à Marie-Antoinette qui y recevait ses artistes favoris, le peintre madame Vigée-Lebrun, son ancien professeur de musique, le compositeur Gluck, et sa marchande de mode, mademoiselle Bertin.

# Le cabinet de la Méridienne

En 1770, on construisit un escalier, à la place de ce qui fut un petit salon de Marie Leszczinska, destiné à réunir l'appartement du futur Louis XVI à celui de son épouse Marie-Antoinette qui occupait déjà l'appartement de la reine. Le salon actuel fut aménagé en 1781 lors de la naissance du premier dauphin. Le décor des boiseries en rappelle l'événement de même que les sculptures de la console.

Madame Campan, Première femme de chambre de Marie-Antoinette, raconte dans ses *Mémoires* que « la liste des gens reçus dans les cabinets de la reine [était] remise par la princesse de Lamballe aux huissiers de la chambre et les personnes qui y étaient inscrites ne pouvaient se présenter pour jouir de cette faveur que les jours où la reine désirait voir sa société intime… les gens du premier rang à la Cour lui demandaient quelquefois des audiences particulières. »

# Les appartements de Mesdames

Des appartements des filles de Louis XV, seuls subsistent ceux occupés de 1769 jusqu'à la Révolution par Mesdames Adélaïde et Victoire. Ils ont remplacé l'ancien appartement des Bains de Louis XIV auquel succédèrent les appartements de Madame de Pompadour et de la comtesse de Toulouse. « Louis XV, raconte Madame Campan, descendait tous les matins par un escalier dérobé dans l'appartement de Madame Adélaïde ; souvent il y apportait et y prenait du café qu'il avait fait lui-même. Madame Adélaïde tirait un cordon de sonnette qui avertissait Madame Victoire de la visite du roi… »

# L'Opéra

Le premier projet de salle d'opéra fut commandé par Louis XIV à Mansart et Vigarani dès 1682, mais les guerres et les difficultés financières de la fin du règne ne permirent pas sa réalisation. Le second projet, toujours au même emplacement, à l'extrémité de l'aile nord, fut présenté à Louis XV par Gabriel en 1748, mais ne fut pas non plus exécuté. Il fallut attendre le mariage du dauphin, futur Louis XVI, avec l'archiduchesse Marie-Antoinette pour voir les travaux menés à bien et la salle enfin terminée et inaugurée le 16 mai 1770.

La forme de la salle est en ovale tronquée. Elle a été, par souci de rapidité et d'économie, entièrement construite en bois, ce qui lui assure une excellente acoustique. Son décor de faux marbre est enrichi de sculptures de Pajou, et le plafond, peint par Durameau, représente le triomphe d'Apollon, dieu des Arts. L'architecte Gabriel et le machiniste Arnoult avaient conçu un mécanisme permettant de rehausser le parterre au niveau de la scène ornée d'un décor reproduisant la salle. Le théâtre pouvait alors accueillir les bals parés, bals où les dames portaient bijoux, diadèmes et « habits habillés ».

# Les salles du Consulat, de l'Empire et de la Restauration à 1914

Dans son désir de réconcilier tous les régimes, Louis-Philippe décida de ne privilégier aucune période de l'histoire de France. C'est ainsi qu'il consacra le rez-de-chaussée de l'aile du Midi à l'Empire, auquel il faut ajouter les salles du second étage, au-dessus de l'appartement de la Reine et de l'aile du Midi, le long de la voûte de la galerie des Batailles.
Parmi les œuvres consacrées à cette période, si brève mais si mouvementée, de l'histoire de France, s'étendant de la Révolution à la fin de l'Empire, le portrait du général Bonaparte au pont d'Arcole le 17 novembre 1796 par Gros est sans doute l'une des plus belles.

Lorsqu'il retrouva en 1814 le trône de ses ancêtres, Louis XVIII se fit peindre dans tout l'apparat de la monarchie. Le peintre Gérard a représenté le souverain en costume royal, même si, contrairement à son frère Charles X, il ne put se faire sacrer à Reims à cause des fatigues de la cérémonie que sa santé n'aurait pas supportées. C'est cependant ce manteau royal (aujourd'hui conservé à Saint-Denis) qui orna son corbillard (conservé au musée des Carrosses) lors de ses obsèques en 1824. *Portrait de Louis XVIII* par Gérard.

Fier du sauvetage de Versailles, Louis-Philippe désira se faire représenter devant la grille ouverte du château accompagné de ses fils. Ayant réussi à faire de Versailles un lieu de mémoire, il eut à cœur d'en surveiller les travaux qu'il paya sur sa cassette privée. *Louis-Philippe et ses fils devant le château de Versailles* par Horace Vernet.

# PROMENADES DANS LES JARDINS

## JARDINS CÔTÉ OUEST

Au-delà du château, vers l'ouest, s'étend l'ensemble des jardins et du parc, ordonné autour d'un axe principal est-ouest, perpendiculaire au château, et d'un axe secondaire, nord-sud, qui longe les façades.

### Le parterre d'Eau

Au pied des bâtiments, Le Nôtre créa les parterres, dessinés pour être vus des étages. Ils furent également conçus pour mettre en valeur l'architecture du château. D'une rigoureuse horizontalité, les deux bassins du parterre d'Eau, miroirs où se reflètent les façades – réalisés tardivement (vers 1685) – traduisent cette conception poussée à l'extrême.

Sculptures de pierre, de marbre, de plomb, de bronze peuplent les jardins de personnages et d'animaux, souvent tirés de la mythologie ou d'allégories. Le Nôtre veillait à ce qu'elles soulignent et ne contrarient pas les lignes du jardin. Ainsi de puissantes figures allongées vinrent orner les margelles du parterre d'Eau ; ces chefs-d'œuvre de bronze représentent les fleuves et les rivières de France, symboles du royaume.

# La grande perspective

L'ouverture et l'ampleur caractérisent l'œuvre de Le Nôtre. Avant lui, les jardins étaient clos et de dimensions relativement modestes ; désormais, ils s'ouvrent sur les paysages environnants et changent d'échelle. Le Nôtre donne aussi une nouvelle importance à l'axe central en fonction duquel toutes les autres parties du jardin s'organisent. Partant de la terrasse du château, la grande perspective conduit le regard jusqu'à l'horizon ; au fur et à mesure qu'elle s'éloigne, elle traverse les parterres, descend à travers les bosquets, suit le canal entre les massifs forestiers du parc, pour remonter doucement dans la campagne vers le ciel. Cheminant ainsi du milieu le plus architecturé vers le plus naturel, le parcours axial débute par une simple allée entre les bassins du parterre d'Eau, franchit le ressaut de l'escalier, contourne le bassin de Latone ; après une courte rampe et une nouvelle allée entre les parterres de Latone, il emprunte, entre des murs de verdure, la longue coulée gazonnée du Tapis vert, débouche sur le bassin d'Apollon et sa vaste esplanade, avant de se confondre avec le grand canal long de 1 650 m.

Le bassin de Latone raconte une histoire tirée des *Métamorphoses* d'Ovide, ouvrage de l'Antiquité qui a fourni de nombreux thèmes aux décors de Versailles. Ici, il s'agit d'un épisode de l'enfance d'Apollon. Sa mère, Latone, ayant été bafouée par les paysans de Lycie, implore la vengeance de Jupiter qui les transforme en grenouilles.

# Le bassin d'Apollon

Ce vaste bassin doit à son emplacement privilégié d'avoir reçu un décor qui traite le thème majeur du programme mythologique, symbolique et politique, qui est développé à travers les jardins. De même que Louis XIV est identifié à Apollon-Phœbus – le dieu soleil –, la représentation d'Apollon surgissant des flots symbolise le lever du soleil et l'aube d'un règne prometteur. Le Brun qui donne le dessin des sculptures amplifie le thème : il entoure le dieu sur son char tiré par quatre chevaux, de quatre tritons et de quatre monstres marins. Il confie la réalisation du groupe à l'un des meilleurs sculpteurs, Jean-Baptiste Tubi, un romain entré au service du roi.

Comme toutes les commandes royales « extraordinaires », le groupe d'Apollon a été exécuté à la manufacture royale des Gobelins. Fondu entre 1668 et 1670, il sera doré après sa mise en place.

# Jardins côté nord

Une pente naturelle descend du parterre d'Eau jusqu'au bassin de Neptune.

## Le parterre du Nord

Tout de buis et de gazon, égayé par quelques fleurs et ponctué d'ifs taillés (topiaires), le parterre du Nord épouse la déclivité de l'aile nord.

Le décor des bassins du parterre nord s'accorde avec les sculptures de divinités marines qui ornent les façades de l'aile du Nord. Il rappelle aussi la proximité de deux ensembles disparus : l'appartement des Bains de Louis XIV et la grotte de Téthys. Tritons, sirènes, dauphins et écrevisses peuplent la fontaine de la Pyramide et les deux bassins des Couronnes.

# Les bassins du Dragon et de Neptune

Dominée par de grands réservoirs à ciel ouvert, l'allée d'eau, qui conduit au bassin du Dragon, sépare deux bosquets. On l'appelle aussi allée des Marmousets parce qu'elle est jalonnée de vingt-deux groupes d'enfants en bronze (d'après des dessins de Le Brun) ; ils alternent avec des topiaires élevés dans ces formes étranges que les jardiniers de Louis XIV donnaient aux ifs. En contrebas du bassin du Dragon, l'immense bassin de Neptune comporte 58 jets et 147 effets hydrauliques. Selon la forme de la sortie des tuyaux, l'eau sort en bouillons, en lame, en langue ou en gerbe. Au-delà du bassin, un massif boisé ferme le parc, arrêtant le vent du nord.

Au bassin du Dragon (l'un des plus anciens de Versailles), le thème de l'eau se conjugue avec la légende d'Apollon, car le dragon est en fait le serpent Python, ce monstre qu'Apollon tue de ses flèches. Le jet d'eau lancé par le dragon, montant jusqu'à 27 mètres, est le plus haut de toutes les fontaines.

Aménagé par Le Nôtre, le bassin de Neptune n'avait comme décor à l'origine que les grands vases de plomb qui ornent la margelle. Soixante ans plus tard, poursuivant l'œuvre de son arrière-grand-père, Louis XV l'enrichit de monumentales statues, réalisées également en plomb, représentant Neptune et Amphitrite, l'Océan et Protée.

# Jardins côté Midi

De ce côté, pas de pente naturelle mais trois étagements successifs : au niveau du château, le parterre du Midi dont l'extrémité tombe à pic sur le parterre de l'Orangerie ; plus loin et plus bas encore, la pièce d'eau des Suisses dont la longueur exagérée fut calculée pour les besoins de la perspective.

## Le parterre du Midi

Ses broderies de buis agrémentées de fleurs dessinent des arabesques sous les fenêtres de l'appartement de la reine.

## L'Orangerie

En contrebas du château, l'Orangerie est enfouie sous la terre. Flanquée des escaliers des Cent-Marches, elle assure la stabilité des terrains. Son orientation plein sud ainsi que les doubles châssis des fenêtres stabilisent la température entre 5°C et 8°C en hiver. Elle abrite 1 080 arbres délicats : tous en caisses, ce sont des orangers du Portugal ou d'Italie, des citronniers, des grenadiers qui, pour certains, ont plus de 200 ans, des lauriers roses et, depuis le début du siècle, des palmiers. Les arbres produisent peu de fruits car ils sont taillés en boule pour la décoration. Les jardiniers les sortent à la mi-mai pour les rentrer à la mi-octobre.

Par l'ampleur de l'espace (155 mètres pour la longueur de la galerie principale et 13 mètres de hauteur), par la pureté de ses lignes et par la beauté de ses voûtes, l'Orangerie est l'un des endroits où Jules Hardouin-Mansart a le mieux affirmé son talent de grand architecte.

Au loin, la vaste nappe de la pièce d'eau des Suisses dont le nom rappelle la contribution des régiments appelés en renfort pour l'assèchement des marais et le creusement du bassin. C'était au temps où l'on comptait 15 000 hommes sur les chantiers de Versailles.

# Les allées et les bosquets

Il faut s'écarter de l'allée centrale et aller à la découverte des parties boisées qui l'entourent. Un réseau régulier d'allées les sillonnent. Les plus larges et les plus longues, offrant de lointaines perspectives, se coupent à angle droit. D'autres, courbes ou diagonales, plus courtes et plus étroites, pénètrent à l'intérieur des bosquets (huit au nord et six au sud). Des grandes allées, on n'en voit que les murs de verdure. Sous Louis XIV, ces murs étaient palissés à une grande hauteur et les frondaisons des arbres qui en étaient ceinturés ne dépassaient pas 15 mètres. L'aspect strictement cubique de ces massifs boisés correspondait à la volonté du roi et de son jardinier de créer une véritable architecture de verdure. Contrastant avec la rigueur de l'extérieur, la fantaisie règne à l'intérieur, offrant au promeneur la surprise de jeux d'eau variés au milieu de salles dont le décor de rocailles, de treillages ou d'architectures est enrichi de nombreuses sculptures. Depuis le XVIIe siècle, de nombreux règlements intervinrent concernant l'accès des bosquets, tantôt permis à tous, tantôt strictement limité. Aujourd'hui, on peut les apercevoir à travers leurs grilles, ou mieux, y pénétrer lors des visites-conférences ou lors des Grandes Eaux.

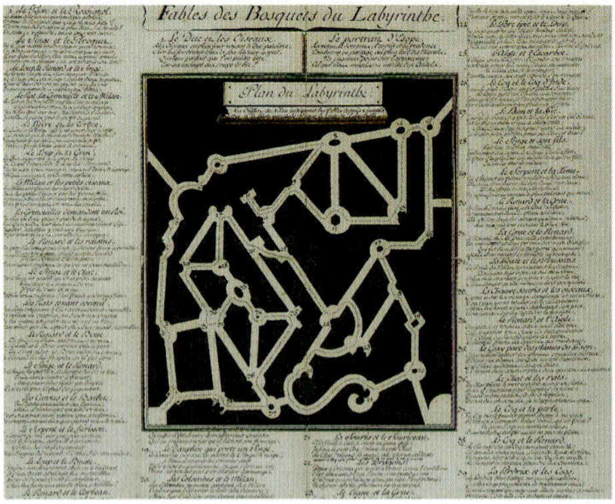


Depuis leur création, certains bosquets ont subi des transformations ; parmi ceux-ci, le fameux bosquet du Labyrinthe (dont on voit ici le plan) qui était décoré de 39 fontaines illustrant les *Fables* de La Fontaine et qui fut remplacé par le bosquet de la Reine à l'époque de Marie-Antoinette.

## Les bassins des Saisons

La fontaine de Bacchus orne l'un des quatre bassins placés en rond-point dans les allées des saisons : Bacchus ou l'Automne, Saturne ou l'Hiver, Flore ou le Printemps, Cérès ou l'Été. Ils rappellent que le dieu-soleil ne régit pas seulement le cours du jour, mais aussi celui de l'année.

Deux allées principales, parallèles à la grande perspective, s'enfoncent à travers les murs de verdure qui dissimulent les bosquets ; elles sont bordées d'alignements d'arbres rigoureusement taillés en hauteur et en épaisseur, qui, de chaque côté, forment une contre-allée. Ce sont les allées des Saisons.

# La salle de Bal et la Colonnade

La salle de Bal (ou bosquet des Rocailles) et la Colonnade ont conservé l'aspect qu'ils avaient sous Louis XIV. Presque contemporains (tous deux réalisés entre 1680 et 1690), ils sont pourtant très différents car l'un fut conçu par un jardinier, André Le Nôtre, et l'autre par un architecte, Jules Hardouin-Mansart. L'un joue d'éléments naturels : eaux ruisselantes, rocailles et coquillages, végétaux tapissant talus et gradins. L'autre, froid et parfait péristyle de 32 colonnes entourant un chef-d'œuvre de Girardon, l'*Enlèvement de Proserpine par Pluton*, n'est qu'architecture et sculpture, marbres et eaux. Quand Louis XIV demanda à Le Nôtre son avis sur la colonnade, le jardinier lui répondit « Sire, d'un maçon vous avez fait un jardinier, il vous a donné un plat de son métier ».

Louis XIV aimait tant ses jardins de Versailles qu'il rédigea la *Manière de montrer les jardins de Versailles* et qu'il les fit peindre par plusieurs artistes. Cette gouache de Cotelle montre que le centre de la salle de Bal était originellement occupé par une île à laquelle on accédait par de petits ponts. Soupers ou collations, ballets ou intermèdes musicaux pouvaient y être offerts à la Cour, comme dans les autres bosquets.

# Les bosquets de l'Encelade et des Dômes

Ces deux bosquets voisins du bassin d'Apollon, illustrent deux tendances de l'art français à l'époque de Louis XIV. La sérénité du bosquet des Dômes contraste avec le cruel effet dramatique du bosquet de l'Encelade.

Encelade, chef des géants, se révolte contre Jupiter. Pour assaillir l'Olympe, il entasse montagne sur montagne ; mais foudroyé par Jupiter, il disparaît, écrasé sous les rochers, lançant une dernière imprécation que matérialise le puissant jet qui sort de sa bouche (Gaspard Marsy [1675-1677] sur un dessin de Le Brun).

Depuis le XVIIIe siècle, le bosquet de l'Encelade avait été considérablement dégradé. Il a été entièrement restauré tel qu'il était vers 1700, moment où, arrivés à maturité, les jardins de Versailles se présentaient dans leur perfection. Les galeries de treillage sur lesquelles montaient des plantes odoriférantes ont été refaites ainsi que les petites fontaines de rocaille, tout le réseau hydraulique et le triple emmarchement gazonné. La figure du géant a également été restaurée.

# Le bosquet des Bains d'Apollon

Le bosquet des Bains d'Apollon, dissimulé dans sa gangue de verdure, est particulièrement surprenant par son ampleur et son relief accidenté. Près d'un siècle sépare sa création de celle des plus anciens bosquets. C'est à l'occasion de la première replantation du parc, ordonnée par Louis XVI en 1775, que le peintre Hubert Robert redessine complètement le bosquet préexistant où se trouvaient déjà les trois groupes sculptés remarquables : *Apollon servi par les nymphes* et les deux groupes latéraux *Les Chevaux du Soleil pansés par les Tritons*. À l'origine, ces œuvres avaient été commandées par Louis XIV pour orner la grotte de Téthys. Cette grotte abritée sous un réservoir était un endroit frais et précieux, tapissé de coquillages et de miroirs, la demeure marine de la nymphe, refuge nocturne du Soleil-Apollon ; la construction de l'aile nord en avait imposé la destruction. Hubert Robert reprend l'idée de la grotte, mais il la traite selon le goût du XVIII^e^ siècle pour une nature « sauvage » de rochers et de cascades.

Ce groupe est le chef-d'œuvre de la sculpture versaillaise. Il illustre la toilette matinale du dieu qui, après s'être reposé chez la nymphe Téthys, s'apprête à repartir pour sa course quotidienne. Composé de sept figures taillées dans le marbre blanc, il est réalisé de 1666 à 1672 par François Girardon, auteur des quatre figures principales, et par Thomas Regnaudin pour les trois nymphes de l'arrière-plan. Girardon est le sculpteur préféré de Louis XIV ; grand ami et proche collaborateur de Le Brun et de Le Nôtre, il apparaît sur tous les grands chantiers. Ses maîtres sont les Antiques et la Nature. Ici, ce jeune dieu, majestueux, sans raideur, retrouve les traits du célèbre *Apollon du Belvédère*. La délicatesse des chairs, la fluidité des étoffes, la précision des ciselures des pièces d'orfèvrerie attestent de la sensibilité et de la virtuosité de l'artiste.

# LES CHÂTEAUX DE TRIANON ET LE DOMAINE DE MARIE-ANTOINETTE

## LE GRAND TRIANON

En 1668, Louis XIV acheta un village du nom de Trianon qu'il réunit au domaine de Versailles, et qu'il fit démolir pour construire, en 1670, un pavillon orné de faïences bleues et blanches auquel on donna le nom de Trianon de Porcelaine. En 1687, le roi décida de le remplacer par un bâtiment plus vaste, œuvre de Mansart, que l'on appela le Trianon de marbre à cause de son décor. Dès lors, et jusqu'à la chute du Second Empire en 1870, Trianon ne cessa d'être habité, si l'on excepte la période révolutionnaire. Mais c'est surtout les aménagements ordonnés par Napoléon Ier et Louis-Philippe que l'on peut encore voir de nos jours dans cette demeure entièrement restaurée en 1965 sur ordre du général de Gaulle.

La chambre de Napoléon.

Ancien grand cabinet de Louis XV, cette pièce fut successivement la chambre à coucher de Napoléon, de la princesse Louise puis de la princesse Clotilde, filles de Louis-Philippe. Ce dernier vint souvent à Trianon durant les travaux de transformation de Versailles en musée. L'état actuel est celui du temps de Napoléon avec ses soieries chamois, violet et argent.

Le salon des Glaces.

Remarquable par son décor de glaces qui lui a donné son nom, cette vaste pièce servit successivement de grand cabinet aux Princes qui habitèrent l'aile gauche de Trianon ; Louis XIV lui-même, puis son fils le Grand Dauphin. Après la Révolution y vécurent Madame, mère de l'empereur Napoléon, l'impératrice Marie-Louise et enfin Louis-Philippe.

# Le Petit Trianon

En 1761, Gabriel éleva un petit château sur plan carré dont chaque façade est ornée de façon différente, la plus riche étant celle avec de hautes colonnes corinthiennes donnant sur le jardin français. Les boiseries décorant l'intérieur sont celles du temps de Louis XV, si l'on excepte le cabinet des Glaces mouvantes conçu pour Marie-Antoinette. Louis XVI lui offrit en effet, dès son avènement, le Petit Trianon. La reine fit alors transformer le jardin, dont elle fit transporter les plantes rares à Paris dans le Jardin du roi (actuel Jardin des Plantes). À l'emplacement, elle demanda à l'architecte Mique et au peintre Hubert Robert de lui créer un parc à l'anglaise. C'est alors qu'apparurent les ruisselets, les perspectives pittoresques et les pelouses.

*Marie-Antoinette à la rose* par Élisabeth Vigée-Lebrun.
C'est sans doute le portrait le plus célèbre de la reine peint par son artiste favorite. La souveraine est représentée faisant un bouquet de roses sans doute dans son jardin de Trianon.

En 1777, Mique éleva le pavillon du rocher et un petit temple à l'antique, dit temple de l'Amour. En 1780, fut érigé le petit théâtre sur la scène duquel la souveraine ne dédaigna pas de jouer elle-même, et assura ainsi le succès du *Mariage de Figaro* de Beaumarchais.

# LE HAMEAU DE LA REINE

Le Hameau de la reine fit la célébrité du jardin de Marie-Antoinette ; à l'instar de Madame de Lamballe à Rambouillet ou des Condé à Chantilly, la souveraine voulut avoir un village dont les maisons, inspirées des maisons normandes pour l'extérieur, auraient un intérieur très raffiné. Entre 1783 et 1785, Mique édifia douze maisons dont dix subsistent : maison de la Reine, billard, moulin, boudoir, colombier, etc.

Mique avait conçu une tour reliée à la laiterie par une petite galerie. On pouvait accéder à son sommet par un escalier extérieur aujourd'hui disparu. Du haut de cette tour on pouvait pêcher à la ligne dans l'étang voisin, d'où son nom de tour de la pêcherie ; pourtant on l'appela plus fréquemment tour de Malbrouke (Malborough) du nom de la chanson que Madame Poitrine, nourrice du dauphin, avait mise à la mode.

Louis XIII
(1601-1643)

Anne d'Autriche
(1601-1666)

1624
Louis XIII fait bâtir sur la colline de Versailles un pavillon de chasse.

1631
Louis XIII demande à Philibert Le Roy la construction d'un château à la place du pavillon de chasse.

1643
Dernier séjour de Louis XIII à Versailles.

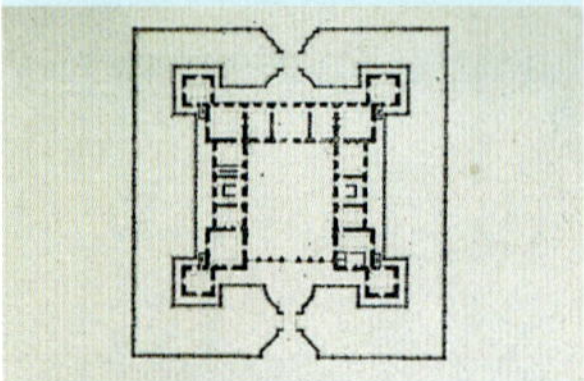

Le «petit château» de Louis XIII

Louis XIV
(1638-1715)

Marie-Thérèse d'Autriche
(1638-1683)

1660
Mariage de Louis XIV avec Marie-Thérèse d'Autriche. Le 25 octobre le roi conduit sa nouvelle épouse à Versailles.

1664
Fêtes des Plaisirs de l'île enchantée.

1668
Grand divertissement de Versailles.

1682
Louis XIV décrète Versailles résidence officielle de la Cour et siège du gouvernement.

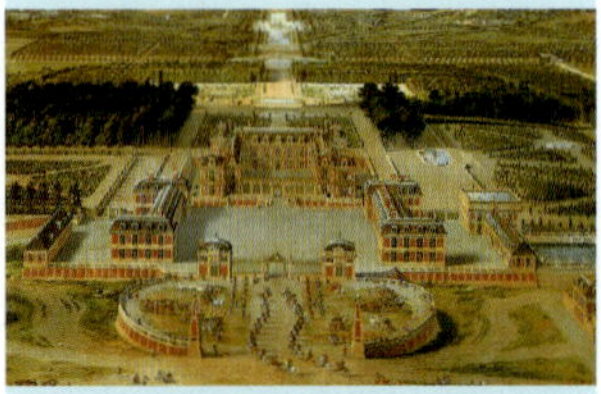

Le château de Versailles en 1668 par Pierre Patel

- Louis, Dauphin (1661-1711)
  - Louis, duc de Bourgogne (1682-1712)
  - Philippe, duc d'Anjou, devient en 1700 Philippe V d'Espagne (1683-1746)
  - Charles, duc de Berry (1686-1714)
- Louis-François (1672-1672)
- Philippe-Charles (1668-1671)
- Marie-Thérèse (1667-1672)
- Marie-Anne (1664-1664)
- Anne-Élisabeth (1662-1662)

1684
Achèvement de la galerie des Glaces.

1710
La chapelle est consacrée le 5 juin.

1715
Le 1er septembre, mort de Louis XIV. Le 9 septembre, Louis XV abandonne Versailles pour Vincennes.

La Colonnade, construite à partir de 1685 par Jules Hardouin-Mansart

Louis XV
(1710-1774)

Marie Leszczinska
(1703-1768)

1722
Louis XV fixe de nouveau sa résidence à Versailles.

1736
Le 26 septembre, ouverture du salon d'Hercule.

1757
Attentat de Damiens contre Louis XV.

1768
Le château du Petit Trianon est achevé.

1774
Le 10 mai, Louis XV meurt de la variole à Versailles.

Le château de Versailles en 1722 par Pierre-Denis Martin

- Louis Dauphin (1729-1765)
- Philippe-Louis (1730-1733)
- Adélaïde (1732-1800)
- Victoire (1733-1799)
- Sophie (1734-1782)
- Thérèse-Félicité (1736-1744)
- Louise (1737-1787)

Louis XVI
(1754-1793)

Marie-Antoinette de Habsbourg-Lorraine
(1755-1793)

1777
Visite de Joseph II, empereur d'Autriche, frère de la reine.

1783
Signature des traités de Versailles qui consacrent l'indépendance des États-Unis d'Amérique.

1783-1786
Construction du Hameau de la reine.

1789
Le 5 mai, ouverture des États généraux. Le 6 octobre, après l'invasion du château, le roi, la famille royale et la Cour quittent définitivement Versailles.

Illumination du Belvédère en l'honneur de Joseph II par Claude-Louis Chatelet

Louis-Philippe
(1773-1850)

1837
Le 10 juin Louis-Philippe inaugure le musée dédié « à toutes les gloires de France ».

Ouverture de la galerie des Batailles par Jean-Auguste Bard

CRÉDITS PHOTOGRAPHIQUES :
Artlys/Février A. : p. 52, 53, 74, 81, 84, 85 ; Artlys/Burnier É. : p. 56, 78, 79 ; Artlys/Bréjat H. : 1re de couverture, p. 21, 23 ; Artlys/Girard J. : p. 11, 68, 70, 80, 82, 83, 84, 86, 89, 90, 93 ; Artlys/Varga J.-C. : p. 47, 56, 57 ; Versailles, château : p. 10, 26 ; Versailles, château/Milet Ch. : p. 3, 4, 41, 61, 69, 70, 74, 79, 87, 90, 92 ; Versailles, château/Manaï J.-M. : p. 10, 20, 24, 37, 65, 71, 72 ; Versailles, château/Bacquart J.-V.- : p. 76 ; Versailles, château/Déon M. : p. 78 ; RMN : p. 18, 28, 39, 40, 42, 44, 48, 52, 54, 60, 63, 82, 91, 94, 95 ; RMN/Jean C. : p. 52 ; RMN/Arnaudet D. : p. 27, 66 ; RMN/Derenne J. : p. 50 ; RMN/Blot G. : p. 8, 9, 10, 12, 19, 20, 22, 25, 27, 28, 29, 36, 38, 42, 46, 49, 54, 58, 59, 63, 67, 75, 80, 88 ; RMN/Blot G./Lewandowski H. : p. 28, 30, 64 ; RMN/Bréjat H. : p. 24, 25, 26, 32, 33, 48, 54, 55, 59, 62, 76 ; RMN/Marbœuf : p. 45 ; RMN/Willi P. : p. 42, 43 ; RMN/Ollivier Th. : 4e de couverture, p. 34.

Achevé d'imprimer le 25 novembre 2010
Dépôt légal décembre 2010
Imprimé par Print Ouest, à Nantes, France